# TEXTES

## RELATIFS À LA CONSTITUTION

## DU CRÉDIT NATIONAL

### POUR FACILITER LA RÉPARATION

### DES

## DOMMAGES CAUSÉS PAR LA GUERRE

SOCIÉTÉ ANONYME AU CAPITAL DE 100 MILLIONS DE FRANCS

## STATUTS

## PARIS

### IMPRIMERIE NATIONALE

DÉCEMBRE 1919

# TEXTES

## RELATIFS À LA CONSTITUTION

## DU CRÉDIT NATIONAL

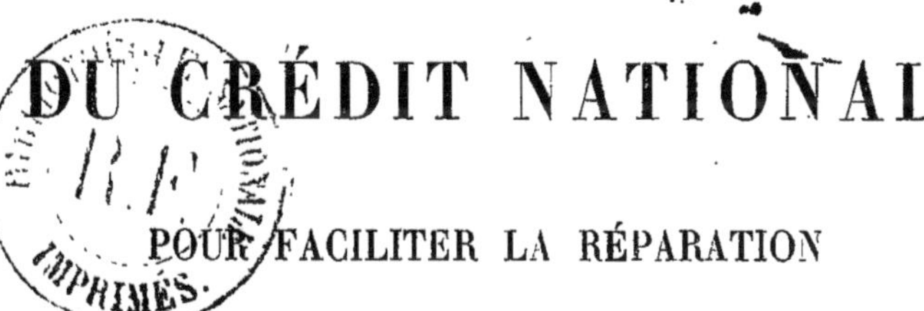

### POUR FACILITER LA RÉPARATION

#### DES

## DOMMAGES CAUSÉS PAR LA GUERRE

SOCIÉTÉ ANONYME AU CAPITAL DE 100 MILLIONS DE FRANCS

1° Loi du 10 octobre 1919.
2° Convention annexe du 7 juillet 1919.
3° Décret en Conseil d'État du 20 novembre 1919.
4° **STATUTS DU CRÉDIT NATIONAL.**

## PARIS

IMPRIMERIE NATIONALE

DÉCEMBRE 1919

# TABLE DES MATIÈRES.

# LOI

APPROUVANT LA CONVENTION CONCLUE ENTRE LE MINISTRE DES FINANCES ET LES FONDATEURS DU CRÉDIT NATIONAL POUR FACILITER LA RÉPARATION DES DOMMAGES CAUSÉS PAR LA GUERRE.

Le Sénat et là Chambre des députés ont adopté,

Le Président de la République promulgue la loi dont la teneur suit :

### ARTICLE PREMIER.

Est approuvée la convention conclue le 7 juillet 1919 entre le Ministre des Finances, agissant au nom de l'État d'une part, et M. Charles Laurent, agissant au nom de la société (en formation) du Crédit national pour faciliter la réparation des dommages causés par la guerre.

### ART. 2.

Le Crédit national sera subrogé à l'État dans le privilège de l'article 2103 du Code civil, accordé à l'État par l'article 5 de la loi du 17 avril 1919, pour le remboursement des avances consenties, en vertu du 2° de l'article premier de la convention approuvée par la présente loi.

### ART. 3.

Sont affranchis de l'impôt sur le revenu des capitaux mobiliers, édicté par l'article 38 de la loi du 31 juillet 1917, les intérêts des avances consenties par le Crédit national en vertu de ladite convention au moyen de fonds provenant de l'émission d'obligations, titres ou valeurs soumis eux-mêmes à l'impôt sur le revenu.

### ART. 4.

Les émissions d'obligations prévues par l'article 3 de la convention seront autorisées par des arrêtés du Ministre des Finances qui en fixeront les conditions et modalités. Il pourra, en vertu de ces arrêtés, être attribué aux obligations des lots et des primes payables au moment du remboursement.

### ART. 5.

Les obligations auront un privilège dans les conditions de l'article 7 de la convention approuvée par la présente loi, sur les annuités versées par l'État, pour assurer le service des obligations.

### ART. 6.

Les obligations du Crédit national gagées par une annuité inscrite au budget de l'État peuvent servir d'emploi aux fonds des incapables, des communes, des établissements publics et d'utilité publique et autres particuliers et collectivités autorisées ou obligées à convertir leurs capitaux en rentes sur l'État.

### ART. 7.

Le Directeur général et les Directeurs du Crédit national seront nommés par décret du Président de la République contresigné par le Ministre des Finances sur la présentation du Conseil d'administration.

La gestion et les services de la Société seront soumis aux vérifications de l'Inspection générale des finances.

### ART. 8.

Les statuts du Crédit national et toutes modifications qui y seraient ultérieurement apportées ne seront définitifs qu'après avoir été approuvés par décret en Conseil d'État.

### ART. 9.

La convention approuvée par la présente loi, les statuts et tous les actes relatifs à la constitution du Crédit national seront dispensés des droits de timbre et enregistrés gratis.

Sont dispensés de tous droits de timbre et d'enregistrement ainsi que de toute taxe quelconque tous les actes passés entre la société « le Crédit national » et les ayants droit pour constater l'attribution, le versement ou le remboursement des indemnités ou avances prévues par la loi du 17 avril 1919, ainsi que tous les actes passés entre la même Société et l'État pour l'exécution de la convention approuvée par la présente loi.

### ART. 10.

Seront nulles de plein droit les élections au Conseil d'administration du Crédit national, ainsi que les nominations à un emploi rétribué dans l'administration de la Société ou de ses succursales :

1° De membres du Parlement;

2° De fonctionnaires publics ou attachés à une administration publique ayant pris part, dans l'exercice de leurs fonctions, à la préparation de la convention approuvée par la présente loi, et n'ayant pas cessé ces fonctions depuis au moins cinq ans.

La présente loi, délibérée et adoptée par le Sénat et par la Chambre des députés, sera exécutée comme loi de l'État.

Fait à Paris, le 10 octobre 1919.

R. POINCARÉ.

Par le Président de la République :

*Le Ministre des Finances,*
L.-L. KLOTZ.

# ANNEXE.

## CONVENTION.

Entre les soussignés :

M. L.-L. KLOTZ, Ministre des Finances, agissant au nom de l'État,

D'une part;

Et M. Charles LAURENT, premier Président honoraire de la Cour des Comptes, agissant pour le compte d'une société anonyme à constituer sous la dénomination de « Crédit national pour faciliter la réparation des dommages causés par la guerre »,

D'autre part,

Ont été arrêtées les dispositions suivantes, qui entreront en vigueur après ratification par le Parlement :

### ARTICLE PREMIER.

Le Crédit national effectue, dans les conditions prévues par la loi du 17 avril 1919, par les décrets et arrêtés pris pour l'application de cette loi et par la présente convention, les opérations suivantes :

1° Verser aux ayants droit, pour le compte de l'État et dans la limite des ressources que le Crédit national aura réalisées, tout ou partie des indemnités payables en espèces et qui leur seront allouées en toute propriété en vertu de la loi du 17 avril 1919, et effectuer le service des intérêts dus à propos de ces indemnités;

2° Consentir, pour le compte de l'État et dans la même limite, tout ou partie des avances complémentaires d'une durée maxima de vingt-cinq ans prévues à l'article 5 de ladite loi, ainsi que celles prévues à l'article 44.

### ART. 2.

Le Crédit national peut, en outre, consentir, jusqu'à concurrence d'une somme globale de 500 millions, des avances d'une durée maxima de dix ans et minima de trois ans, en vue de faciliter la création, le développement ou la remise en marche d'exploitations industrielles et commerciales établies en France et appartenant à des Français.

### ART. 3.

Le Crédit national réalisera, par l'émission d'obligations, les sommes qu'il pourra se procurer en vue des opérations précitées.

### ART. 4.

Le versement des indemnités et des intérêts y afférents ainsi que des avances prévues au 2° de l'article 1er sera effectué aux conditions de la loi du 17 avril 1919 et des décrets et arrêtés pris par application de cette loi, soit entre les mains de l'ayant droit, soit entre les mains des tiers qualifiés pour toucher ces sommes.

A cet effet, le Ministre des Finances donnera à la Société des instructions détaillées et précises; il lui fera connaître notamment les règles qu'elle devra suivre quant aux payements à faire aux attributaires et aux justifications et pièces comptables qu'elle devra exiger d'eux suivant les cas, sous peine de ne pas se trouver à couvert vis-à-vis de l'État. Il en sera de même pour les avances consenties en exécution du 2° de l'article 1er ci-dessus. Ces instructions seront portées à la connaissance des intéressés par la voie du *Journal officiel*.

Le Crédit national sera qualifié pour recevoir et donner quittance de toutes sommes versées ou remboursées, mentionner le payement de tous acomptes sur les titres de créances, et retirer ceux-ci pour les remettre à l'État après versement intégral des indemnités et des avances.

Toutes oppositions au payement des indemnités et avances visées à l'article 1ᵉʳ doivent être transmises par le Ministère des Finances au Crédit national.

Le Crédit national n'assume, en raison de ces opérations, aucune autre responsabilité vis-à-vis de l'État ou des ayants droit que celle qui pourrait résulter d'une inobservation, de sa part, des prescriptions de la loi, des décrets et arrêtés, ou des instructions que lui aura données le Trésor, par application du présent article.

ART. 5.

Les avances prévues à l'article 2 ci-dessus seront effectuées sous la responsabilité du Crédit national dans les conditions indiquées par les statuts et le règlement intérieur de la Société approuvé par le Ministre des Finances.

Le taux de l'intérêt de ces avances sera fixé par le Conseil d'administration. Il pourra toujours être modifié pour les affaires non encore traitées.

Toutefois le total du taux de revient en intérêts et de la contribution prévue à l'article 12 ci-dessous ne pourra dépasser de plus de 1 p. o/o le taux de revient en intérêts, primes et lots des obligations en circulation au moment de la fixation du taux d'intérêt des avances en question.

ART. 6.

Les émissions des obligations prévues à l'article 3 ci-dessus seront autorisées par des arrêtés du Ministre des Finances qui en détermineront les modalités.

2.

### ART. 7.

L'État inscrira chaque année à son budget les annuités nécessaires pour assurer le service d'intérêt, le remboursement et, s'il en existe, les primes et lots des obligations que le Crédit national aura émises après autorisation.

Ces annuités seront calculées d'après la charge effective assumée par le Crédit national à raison de ces émissions, impôts compris s'il y a lieu; elles seront majorées pendant les dix premières années de o fr. 25 p. o/o par an pour faire face aux dépenses d'exploitation de la Société, comme il est dit à l'article 8 ci-après; après cette première période de dix ans, cette somme sera réduite à o fr. 125 p. o/o par an. Les sommes dues par l'État, y compris cette majoration, seront versées au Crédit national quinze jours au moins avant l'échéance du payement des coupons ou du remboursement des titres amortis.

Elles seront, sauf la majoration, affectées par privilège aux obligations émises par le Crédit national. Mention de ce privilège sera inscrite sur les titres.

Dans le cas où la Société émettrait des obligations libellées en monnaies étrangères, le Trésor s'engage à prendre en outre à sa charge les frais de change et autres frais accessoires, y compris les impôts étrangers s'il y a lieu, de telle sorte que ladite Société se trouve placée dans la même situation que si elle avait créé et émis toutes ses obligations payables en francs français.

### ART. 8.

Dans le cas où la majoration annuelle de o.25 p. o/o, puis de o.125 p. o/o, prévue au précédent article, n'aurait pas permis pendant le semestre précédent de couvrir les dépenses d'exploitation et dans la mesure de la partie non couverte, cette majoration pourra faire, sur la demande de la Société, l'objet d'une revision à la fin des six premiers mois qui suivront la publication faite par la

Société, en exécution de l'article 70 de ses statuts, et ensuite de six mois en six mois.

Si un accord sur cette revision n'intervenait pas, la Société aurait la faculté d'entrer en liquidation; elle pourrait, en vertu d'un nouvel accord, rester chargée de tout ou partie des fonctions qu'elle doit remplir d'après la présente convention.

Dans le cas où la majoration de 0.25 p. 0/0, puis de 0.125 p. 0/0, excéderait, avant ou après revision, le montant des dépenses d'exploitation d'une somme supérieure à 500,000 francs par semestre, 75 p. 0/0 du surplus feraient retour à l'État.

Pour l'application du présent article, les dépenses effectives d'exploitation de la Société seront divisées en deux parties proportionnelles aux montants respectifs des obligations gagées et non gagées par une inscription au budget de l'État, la première partie seule étant couverte par la majoration de 0.25 p. 0/0 ou de 0.125 p. 0/0 ci-dessus prévue.

ART. 9.

Toutes les sommes provenant d'emprunts émis par la Société et dont le service sera assuré au moyen d'une annuité inscrite au budget de l'État seront versées au Trésor dans un délai de quinze jours après leur encaissement. Elles y resteront, sans intérêt, tant qu'elles ne seront pas nécessaires à l'exécution des opérations prévues par les articles 1er et 2 de la présente convention, sauf toutefois un fonds de roulement qui sera toujours maintenu égal à 10 millions de francs au minimum et qui sera augmenté d'un commun accord en proportion des besoins que la pratique fera apparaître.

ART. 10.

Les sommes payées au Crédit national par les bénéficiaires des avances consenties en vertu du 2° de l'article 1er, à titre d'intérêt et de remboursement de ces avances, seront reversées par lui à l'État ou portées à un compte spécial « A » dans un délai de quinze jours après encaissement.

ART. 11.

Les sommes payées au Crédit national à titre de remboursement du capital des avances consenties en vertu de l'article 2 seront reversées à l'État ou portées à un compte spécial « B », dans les mêmes conditions, dans un délai de quinze jours après encaissement ; le Trésor s'engage à les remettre à la disposition du Crédit national, sur la demande de celui-ci, pour consentir de nouvelles avances d'une durée de trois ans au minimum et de dix ans au maximum, étant entendu qu'à partir de la trentième année les remboursements faits au Trésor lui seront acquis définitivement à raison de 25 millions de francs par an.

ART. 12.

L'intérêt des avances effectuées en vertu de l'article 2 comprendra une contribution de 1 p. 0/0 au maximum par an, se décomposant de la manière suivante :

0,50 p. 0/0 pour alimenter une réserve spéciale pour risques de contrats en cours ;

0,50 p. 0/0 à la disposition du Conseil d'administration.

Les sommes payées au Crédit national à titre d'intérêt de ces avances seront, dans un délai de quinze jours après encaissement, reversées à l'État ou portées à un compte spécial « C », après déduction, s'il y a lieu, de la somme nécessaire pour que la contribution ci-dessus prévue soit maintenue égale à 1 p. 0/0.

Toutefois, dans le cas où, déduction faite de la contribution ci-dessus prévue, le taux de revient moyen en intérêt des avances consenties en exécution de l'article 2 serait inférieur de plus de 0 fr. 25 au taux de revient moyen, en intérêt, primes et lots, des obligations (compte tenu des impôts s'ils ne sont pas laissés à la charge des porteurs), chaque nouvelle différence de 0 fr. 25

en plus de la première donnera lieu à une réduction de la partie
de ladite contribution qui est laissée à la libre disposition du Conseil d'administration ; cette réduction est fixée à o fr. 1 o par frac-
tion de o fr. 2 5 pénalisée.

Pour établir la comparaison ci-dessus prévue, le taux de revient
moyen des obligations sera calculé d'après le prix d'émission de
chaque sorte d'obligations en circulation pendant l'année pré-
cédente et au prorata du montant de chacune de ces sortes et du
temps pendant lequel elles sont restées en circulation au cours de
ladite année.

De même, le taux de revient moyen en intérêt des avances consenties en exécution de l'article 2 sera calculé d'après les contrats
d'avances, au prorata du montant de chacune d'elles et du temps
pendant lequel elles seront restées en cours pendant ladite année.

N'entreront dans ce calcul que les obligations gagées par une
annuité inscrite au budget de l'État.

La comparaison ci-dessus prévue sera faite chaque année, à
partir de la seconde, dans le courant du mois de janvier, et ce
n'est qu'à compter du jour où elle aura été établie que la partie de
la contribution laissée à la disposition du Conseil d'administration
sera définitivement acquise au Crédit national.

Les pénalités ne joueront que pour des fractions entières
de o fr. 2 5.

## ART. 1 3.

Les sommes dont il est question aux articles 1 0, 1 1 et 1 2, qui
n'auront pas été effectivement reversées à l'État, mais auront été
portées à son crédit aux comptes spéciaux « A », « B » ou « C », por-
teront intérêt au profit de l'État à dater du seizième jour après
leur encaissement et au taux qui sera fixé par le Ministre des
Finances. Ces comptes seront arrêtés semestriellement les 3 o juin
et 3 1 décembre, et le solde créditeur, y compris les intérêts du
semestre, sera obligatoirement versé au Trésor.

### ART. 14.

Jusqu'à entier remboursement des 500 millions concernant les avances comprises sous l'article 2, l'État aura droit, dans les conditions et après les prélèvements prévus par l'article 64 des statuts de la Société, à la moitié du solde des bénéfices de celle-ci.

### ART. 15.

Tant que la réserve spéciale pour contrats en cours prévus à l'article 12 ci-dessus n'aura pas atteint 30 p. o/o du montant des avances effectuées en vertu de l'article 2 ci-dessus, le Trésor versera à cette réserve les sommes revenant à l'État d'après l'article 8 ci-dessus et la part de celui-ci dans les bénéfices annuels calculée comme il est dit à l'article 14.

Toutefois les sommes qu'en vertu de la revision le Trésor pourrait avoir à payer en plus de 0,25 p. o/o (ou de 0,125 p. o/o), en exécution de l'article 8, seront récupérées par lui avant qu'il ait aucun versement de ce chef à faire à ladite réserve.

Les sommes dont la Société bénéficierait d'après l'article 8 seront, dans tous les cas, portées à ladite réserve.

Le produit de toutes les sommes inscrites au compte de cette réserve y sera porté en addition à la fin de chaque semestre.

### ART. 16.

Toutes les sommes consacrées aux avances faites en vertu de l'article 2 ci-dessus seront reversées par le Crédit national à l'État ou portées au compte de celui-ci au bout de 50 ans au plus tard.

Le fonds de réserve spécial pour contrats en cours sera liquidé à la même époque et après amortissement des pertes, de quelque nature qu'elles soient. Le solde net de cette réserve sera réparti à raison de :

50 p. o/o à l'État ;

50 p. o/o à la disposition de l'assemblée générale, qui décidera de l'affectation à lui donner.

### ART. 17.

Le Crédit national gardera la libre disposition de tous les béné-fices résultant d'opérations qu'il ferait avec son capital ou le capital des obligations qu'il émettrait sous sa seule responsabilité, ainsi qu'avec ses réserves, sauf toutefois la réserve pour contrats en cours, comme il est dit à l'article 15 ci-dessus.

### ART. 18.

Dans un délai de 15 jours à partir de la publication qu'elle doit faire d'après l'article 70 de ses statuts, la Société fera connaître au Ministre des Finances la liste des caisses où elle payera les indemnités, à concurrence des sommes qu'elle aura pu se procurer.

Cette liste sera affichée, par les soins des préfets, dans toutes les communes ayant souffert des dommages prévus par la loi du 17 avril 1919.

En outre, le Trésor mettra à la disposition de la Société, pour ces payements, les services des trésoreries générales, des recettes particulières et des perceptions, et mention en sera faite sur la liste prévue à l'alinéa précédent.

Les indemnités seront payées sans frais pour les ayants droit à toutes les caisses indiquées ci-dessus. Si un attributaire demande à être payé ailleurs et si la Société accepte cette demande, les frais supplémentaires qui résulteront des instructions données à cet égard par cet attributaire seront à la charge de celui-ci.

Les versements à effectuer en exécution des avances consenties suivant le 2° de l'article premier et l'article 2 de la présente convention, ainsi que les recouvrements et remboursements qui seront la conséquence desdites avances, pourront être faits par l'intermédiaire des mêmes caisses de payements et des mêmes agents du Trésor.

Dans le cas où, pour l'exécution de la loi, l'État aurait recours à d'autres agents que ceux énumérés ci-dessus, il est entendu que



3

la Société pourra également avoir recours à ces agents, dans les mêmes conditions, de façon qu'un traitement égal soit réservé à tous les attributaires ou bénéficiaires de ladite loi.

### ART. 19.

Le Crédit national devra être constitué dans un délai de 45 jours à compter de la promulgation la loi portant approbation de la présente convention.

Fait en double à Paris, le 7 juillet 1919.

Lu et approuvé :

Signé : Charles LAURENT.

Lu et approuvé :

Signé : L.-L. KLOTZ.

Vu pour être annexé à la loi du 10 octobre 1919, délibérée et adoptée par le Sénat et par la Chambre des députés.

*Le Président de la République française,*

R. POINCARÉ.

Par le Président de la République :

*Le Ministre des Finances,*

L.-L. KLOTZ.

# DÉCRET

APPROUVANT LES STATUTS DU CRÉDIT NATIONAL POUR FACILITER
LA RÉPARATION DES DOMMAGES CAUSÉS PAR LA GUERRE.

LE PRÉSIDENT DE LA RÉPUBLIQUE FRANÇAISE,

Sur le rapport du Ministre des Finances,

Vu la loi du 10 octobre 1919, notamment l'article 8 ainsi conçu : « Les statuts du Crédit national et toutes modifications qui y seraient ultérieurement apportées ne seront définitifs qu'après avoir été approuvés par décret en Conseil d'État »;

Vu la loi du 24 juillet 1867 et celle du 22 novembre 1913 ;

Vu le loi du 17 avril 1919 ;

Le Conseil d'État entendu,

DÉCRÈTE :

ARTICLE PREMIER.

Sont approuvés les statuts ci-annexés du « Crédit national pour faciliter la réparation des dommages causés par la guerre ».

ART. 2.

Le Ministre des Finances est chargé de l'exécution du présent décret, qui sera publié au *Journal officiel de la République française* et inséré au *Bulletin des lois*.

Fait à Paris, le 20 novembre 1919.

R. POINCARÉ.

Par le Président de la République française,

*Le Ministre des Finances,*
L.-L. KLOTZ.

# STATUTS

Déposés en l'étude de Mᵉ Moyne, notaire à Paris, le 17 novembre 1919,
approuvés par l'assemblée générale des actionnaires
du 20 novembre 1919.

## TITRE PREMIER.

### FORMATION DE LA SOCIÉTÉ. — DÉNOMINATION. OBJET. — SIÈGE. — DURÉE.

#### ARTICLE PREMIER.

Il est formé, entre les propriétaires des actions ci-après créées, une Société anonyme qui sera régie par les présents statuts ainsi que par la convention conclue le 7 juillet 1919 et approuvée par la loi du 10 octobre suivant.

#### ART. 2.

La Société porte le nom de « Crédit national pour faciliter la réparation des dommages causés par la guerre ».

#### ART. 3.

La Société a pour objet :

1° De verser aux ayants droit, pour le compte de l'État et dans a limite des ressources qu'elle aura réalisées, tout ou partie des indemnités payables en espèces et qui leur seront allouées en toute propriété, en vertu de la loi du 17 avril 1919, ou des lois subséquentes relatives aux dommages de guerre, et d'effectuer le service des intérêts dus à propos de ces indemnités;

2° De consentir, pour le compte de l'État et dans la même limite, tout ou partie des avances complémentaires d'une durée maxima de vingt-cinq ans, prévues à l'article 5 de ladite loi, ainsi que celles prévues à l'article 44 de cette loi.

Elle peut en outre consentir, sous sa responsabilité, des avances d'une durée qui ne pourra être supérieure à dix ans et inférieure à trois ans, en vue de faciliter la création, le développement ou la remise en marche d'exploitations industrielles ou commerciales établies en France et appartenant à des Français.

Elle réalisera les sommes qu'elle pourra se procurer en vue des opérations précitées par l'émission de deux catégories d'obligations, les unes pour le service desquelles une annuité sera inscrite au budget de l'État, les autres dont le service est assuré par les ressources de la Société avec ou sans la garantie de l'État.

Le produit des obligations de la première catégorie ne peut être affecté aux avances prévues par le paragraphe 3 du présent article que jusqu'à concurrence d'une somme de 5oo millions.

Les particuliers et les sociétés privées peuvent seuls bénéficier des payements et des avances prévus aux paragraphes ci-dessus.

ART. 4.

La Société ne peut recevoir aucun dépôt ni d'espèces, ni de titres, consentir aucune avance autre que celles visées ci-dessus, escompter aucun effet de commerce ou autre, faire aucune négociation de titres ni aucune opération de banque autre que celles nécessaires à la réalisation de son objet social tel qu'il est défini ci-dessus.

ART. 5.

Le siège de la Société est à Paris.

Il pourra être transféré en un autre lieu de la même ville par décision du Conseil d'administration.

ART. 6.

La durée de la Société est fixée à quatre-vingt-dix-neuf années à compter du jour de sa constitution définitive, sauf les cas de dissolution anticipée ou de prorogation prévus aux présents statuts.

# TITRE II.

## CAPITAL SOCIAL. — ACTIONS. — VERSEMENTS.

### ART. 7.

Le capital social est fixé à 100 millions de francs et divisé en 200,000 actions de 500 francs chacune, à souscrire et payables en numéraire.

### ART. 8.

Le capital social peut être augmenté, au moyen de la création et de l'émission d'autres actions de même type ou de type différent, par décision de l'assemblée générale prise dans les conditions de l'article 49 ci-après.

La souscription de ces augmentations de capital sera, sauf décision contraire de l'assemblée générale prise dans les formes indiquées ci-dessus, réservée aux titulaires des actions déjà existantes, proportionnellement aux titres possédés par chacun d'eux.

Le Conseil d'administration fixera le taux et les conditions des émissions nouvelles, ainsi que les délais et formes dans lesquels le droit de préférence pourra être exercé.

L'assemblée générale peut aussi, en vertu d'une délibération prise comme il vient d'être dit, décider la réduction du capital social, pour quelque cause et de quelque manière que ce soit.

### ART. 9.

Le capital social, dans la mesure où il ne sert pas à couvrir les frais de constitution, d'établissement ou d'exploitation de la Société, ou à effectuer les opérations prévues par les présents statuts, devra être représenté par des espèces en caisse à la Banque de France ou au Trésor, ou par des bons, obligations et rentes de l'État français, ou par des titres admis en garantie des avances de la Banque de

France, ou par des reports pratiqués par ministère d'un agent de change sur valeurs cotées au marché officiel.

ART. 10.

Le montant des actions à souscrire est payable savoir :

Un quart, soit 125 francs, à la souscription;

Le surplus, aux dates qui seront fixées par le Conseil d'administration.

Quant aux actions qui pourront être créées par la suite, conformément à l'article 8, le montant en sera payable suivant la décision prise par l'assemblée générale.

ART. 11.

Les appels de fonds sont portés à la connaissance des actionnaires par un avis inséré dans un journal d'annonces légales de Paris, quinze jours avant l'époque fixée pour chaque versement.

Les titulaires, les cessionnaires intermédiaires et les souscripteurs sont tenus solidairement du montant de l'action.

Tout souscripteur ou actionnaire qui a cédé son titre cesse, deux ans après la cession, d'être responsable des versements non encore appelés.

ART. 12.

A défaut de payement sur les actions aux époques déterminées conformément à l'article 10, l'intérêt est dû par chaque jour de retard, à raison de 6 p. o/o l'an, sans qu'il soit besoin d'une demande en justice.

La Société, après une mise en demeure à l'actionnaire non libéré, peut faire vendre les actions dont les versements sont en retard, mais cette vente sera soumise aux mêmes conditions et formalités que celles indiquées aux articles 15 et 16 pour toute cession d'actions; si, après le délai indiqué audit article, la cession n'est pas réalisée au profit d'une personne désignée par le Conseil d'administration, la Société, sans autre mise en demeure ni formalité, a le droit de faire procéder à la vente des actions, en bloc ou en détail, pour le compte et aux risques et périls des retardataires, à la Bourse de Paris par le ministère d'un agent de change. Si les actions ne sont pas cotées, la vente aura lieu en l'étude d'un notaire de Paris.

Les titres des actions ainsi vendues deviennent nuls de plein droit, et il est délivré aux acquéreurs de nouveaux titres portant les mêmes numéros.

Le produit net de la vente desdites actions s'impute, dans les termes de droit, sur ce qui est dû à la Société par l'actionnaire exproprié, lequel reste débiteur de la différence en moins ou profite de l'excédent.

La Société peut exercer également l'action personnelle et de droit commun contre l'actionnaire et ses garants, soit avant, soit après la vente des actions, soit concurremment avec cette vente.

ART. 13.

Le premier versement est constaté par un récépissé nominatif qui sera ensuite échangé contre un titre provisoire d'action également nominatif.

Tous versements ultérieurs, sauf le dernier, sont mentionnés sur ce titre provisoire.

Le dernier versement est fait contre remise du titre définitif.

Les titres provisoires et définitifs sont extraits d'un livre à souche, revêtus d'un numéro d'ordre, du timbre de la Société et de la signature soit du directeur général et d'un administrateur, soit d'un délégué du directeur général et d'un délégué du conseil ; l'une de ces signatures pourra être apposée au moyen d'une griffe.

ART. 14.

Les actions sont et resteront nominatives pendant un délai d'au moins dix ans à dater de la constitution définitive de la Société, même si, pendant ce délai, elles sont entièrement libérées. Elles pourront ensuite être mises au porteur, s'il en est ainsi décidé par une délibération de l'assemblée générale extraordinaire réunie et votant dans les conditions prévues à l'article 49.

ART. 15.

La cession des titres nominatifs s'opère par voie de transfert inscrit sur le registre de la Société, signé par le cédant et le cessionnaire ou leur mandataire.

Les signatures du cédant et du cessionnaire ou de leur mandataire peuvent être reçues sur le registre des transferts ou sur des feuilles de transfert préparées à cet effet.

La Société peut exiger que la signature et la capacité des parties soient certifiées par un agent de change ou par un notaire.

En outre, tant que les actions resteront obligatoirement nominatives, toute cession ou transmission autre que celles effectuées entre actionnaires, lesquelles s'opéreront toujours librement dans les conditions susindiquées, ne pourra être effectuée que dans les conditions suivantes.

ART. 16.

Toute offre de cession d'actions et toute demande de transfert résultant de cession proposée, d'adjudication publique, judiciaire ou volontaire, de donation ou de mutation par décès, devront être consignées sur un registre spécial tenu au siège social, sur lequel seront inscrits les nom, prénoms, profession et domicile du ou des cessionnaires ou attributaires proposés.

Pendant un délai de trente jours à partir de cette inscription, le Conseil d'administration pourra faire racheter les actions dont la cession ou le transfert sera demandé, par toute personne ou société de son choix, moyennant un prix qui sera le pair jusqu'à la première assemblée générale annuelle et qui sera ensuite fixé chaque année par l'assemblée générale annuelle.

Si le délai de trente jours ci-dessus imparti s'écoule sans que le Conseil d'administration ait désigné un cessionnaire, la cession ou le transfert proposé sera opéré au profit de la personne ou des personnes désignées dans la notification consignée au registre spécial comme il a été dit ci-dessus.

### ART. 17.

Les actions sont indivisibles à l'égard de la Société qui ne reconnaît qu'un seul propriétaire pour chaque action.

Les propriétaires indivis sont tenus de se faire représenter auprès de la Société par un seul d'entre eux, considéré par elle comme seul propriétaire.

### ART. 18.

Sauf les droits qui seraient accordés aux actions de priorité, s'il en était créé, chaque action donne droit, dans la propriété de l'actif social, à une part proportionnelle au nombre des actions émises.

Elle donne droit, en outre, à une part de bénéfice telle qu'elle est définie en l'article 64 ci-après.

### ART. 19.

Les actionnaires ne sont responsables que jusqu'à concurrence du montant de leurs actions.

### ART. 20.

Les droits et charges attachés à l'action suivent le titre, en quelque main qu'il passe. La possession d'une action comporte, de plein droit, adhésion aux statuts de la Société et aux résolutions prises par l'assemblée générale.

### ART. 21.

Les représentants ou créanciers d'un actionnaire ne peuvent, sous quelque prétexte que ce soit, requérir l'apposition des scellés sur les biens et papiers de la Société, ni s'immiscer en aucune manière dans son administration; ils doivent, pour l'exercice de leurs droits, s'en rapporter aux inventaires sociaux et aux décisions de l'assemblée générale.

# TITRE III.

## DIRECTION ET ADMINISTRATION DE LA SOCIÉTÉ.

### SECTION PREMIÈRE.

**Directeur général et Directeurs.**

ART. 22.

La direction des affaires de la Société est exercée par un directeur général.

Deux directeurs remplissent les fonctions qui leur sont déléguées par le directeur général et, dans l'ordre de leur nomination, ils suppléent le directeur général en cas d'absence, vacance ou maladie.

Le directeur général et les directeurs sont nommés par décret du Président de la République, contresigné par le Ministre des Finances, sur la présentation du Conseil d'administration. Pendant la durée de leurs fonctions, ils ne pourront diriger aucune autre entreprise ou société.

ART. 23.

Avant l'entrée en fonctions, le directeur général doit justifier de la propriété de cent actions de la Société, et chacun des directeurs, de la propriété de cinquante actions.

Ces actions demeurent affectées, par privilège, à la garantie de leur gestion. Elles sont inaliénables pendant la durée de leurs fonctions.

ART. 24.

Le directeur général nomme et révoque, sur avis conforme du Conseil, tous sous-directeurs et fondés de pouvoirs. Il nomme et révoque tous autres fonctionnaires et agents et pourvoit à l'organisation des services.

Il signe la correspondance, fait le recouvrement des sommes dues à la Société, signe toute quittance avec ou sans mainlevée, ainsi que tous chèques, virements ou mandats. Il exécute les délibérations du Conseil d'administration et signe tous actes qui en sont la conséquence.

Il fait tous actes conservatoires, représente la Société au regard des tiers et exerce les actions judiciaires, tant en demandant qu'en défendant.

Il signe, dans les conditions indiquées ci-dessus en l'article 13, les titres d'actions et vise les obligations émises par l'application de l'article 51.

ART. 25.

Le directeur général peut exercer par mandataire tous les pouvoirs qui lui sont délégués pour un ou plusieurs objets déterminés.

## SECTION II.

**Conseil d'administration.**

ART. 26.

Le Conseil d'administration se compose du directeur général, des directeurs et des administrateurs pris parmi les associés et nommés par l'assemblée générale des actionnaires.

ART. 27.

Les administrateurs sont au nombre de vingt au moins et de vingt-quatre au plus.

Ils doivent être propriétaires, pendant toute la durée de leurs fonctions, chacun de cinquante actions au moins, lesquelles sont inaliénables et affectées par privilège à la garantie de leur gestion.

ART. 28.

La durée des fonctions des administrateurs est de six années, sauf l'effet du renouvellement partiel.

Les premiers administrateurs nommés par l'assemblée générale. constitutive de la Société resteront en fonctions jusqu'à l'assemblée générale ordinaire qui se réunira pour l'approbation des comptes du premier exercice clos.

A cette époque, tous les administrateurs seront soumis à la réélection.

A partir de la même date, le Conseil se renouvellera lors de l'assemblée annuelle, à raison d'un nombre d'administrateurs déterminé, suivant le nombre des membres en fonctions, en alternant, s'il y a lieu, de façon que le renouvellement soit complet dans chaque période de six ans, et se fasse aussi également que possible suivant le nombre des membres.

Pour la première application de cette disposition, le sort indique l'ordre de sortie; une fois le roulement établi, le renouvellement a lieu par ancienneté de nomination.

Les administrateurs sont toujours rééligibles.

ART. 29.

Si les administrateurs sont au nombre de moins de vingt-quatre, le Conseil aura la faculté de compléter ce nombre.

Dans ce cas, les nominations faites à titre provisoire par le Conseil sont soumises, lors de sa première réunion, à la confirmation de l'assemblée générale.

ART. 30.

Si une place d'administrateur devient vacante, le Conseil d'administration peut pourvoir provisoirement au remplacement, et l'assemblée générale, lors de sa première réunion, procède à l'élection définitive. L'administrateur nommé en remplacement d'un autre ne demeure en fonctions que pendant le temps restant à courir de l'exercice de son prédécesseur.

ART. 31.

Le directeur général préside le Conseil.

En cas de partage, sa voix est prépondérante.

ART. 32.

Le Conseil d'administration se réunit sur la convocation du directeur général aussi souvent que l'intérêt de la société l'exige, et au moins une fois par mois.

La présence de la moitié au moins des membres du Conseil en exercice est nécessaire pour la validité des délibérations.

Nul ne peut voter au Conseil par procuration.

ART. 33.

Les délibérations sont constatées par des procès-verbaux inscrits sur un registre tenu au siège de la Société et signé par le directeur général et un administrateur.

Les copies ou extraits de ces délibérations qu'il peut y avoir lieu de délivrer sont certifiés par le directeur général.

ART. 34.

Le Conseil délibère sur toutes les affaires de la Société autres que celles réservées exclusivement au directeur général, notamment sur tous traités, transactions, compromis, transfert de rente sur l'État ou autres valeurs.

Il détermine l'emploi des fonds sociaux et de ceux provenant de l'émission des obligations dans les conditions prévues par les présents statuts et la convention annexée à la loi du 10 octobre 1919.

Il autorise le payement des indemnités et l'octroi des avances en se conformant aux dispositions des présents statuts et de la convention précitée et du règlement prévus par l'article 61.

Il autorise toutes actions judiciaires tant en demandant qu'en défendant.

Il autorise l'achat et la vente de tous biens et droits mobiliers et immobiliers.

Il fixe les dépenses générales de l'administration.

Il délibère, sous réserve des attributions conférées au Ministre des Finances par l'article 4 de la loi du 10 octobre 1919, sur la création, l'émission, l'achat et la vente des obligations de la Société.

Il établit et modifie, s'il y a lieu, le règlement intérieur prévu à l'article 61, sous réserve de l'approbation du Ministre des Finances.

Il délibère sur les comptes annuels à présenter à l'assemblée générale, ainsi que sur la fixation du dividende et sur toutes les propositions à faire à cette assemblée.

Il fait au Ministre des Finances ses présentations pour le choix du directeur général et des directeurs, ainsi que ses propositions pour la fixation de leurs traitements; il donne son avis sur la nomination et la révocation des fonctionnaires et agents, dans les conditions déterminées à l'article 24 ci-dessus.

Il peut déléguer partie de ses attributions à un ou plusieurs comités pris parmi ses membres et comprenant le directeur général et l'un des directeurs.

Art. 35.

Les administrateurs, le directeur général et les directeurs ne contractent, à raison de leur gestion, aucune obligation personnelle ni solidaire relativement aux engagements de la Société; ils ne sont responsables que de l'exécution de leur mandat.

Il leur est interdit de prendre ou de contracter un intérêt direct ou indirect dans une entreprise ou dans un marché fait avec la Société ou pour son compte, à moins qu'ils n'y soient autorisés par l'assemblée générale conformément à l'article 40 de la loi du 24 juillet 1867.

Il est, chaque année, rendu à l'assemblée générale un compte spécial de l'exécution des marchés et des entreprises par elle autorisés.

ART. 36.

Les administrateurs ont droit à des jetons de présence dont le montant global, déterminé par l'assemblée générale, reste fixé jusqu'à nouvelle décision de l'assemblée.

La répartition des jetons de présence entre les administrateurs est réglée par ceux-ci.

## SECTION III.

### Censeurs.

ART. 37.

Les censeurs sont au nombre de trois; ils sont nommés chaque année par l'assemblée générale; ils sont rééligibles.

ART. 38.

Les censeurs sont chargés de veiller à la stricte exécution des statuts; ils assistent aux séances du Conseil avec voix consultative; ils surveillent la création des obligations et leurs émissions; ils examinent les inventaires et les comptes annuels et présentent chaque année, à l'assemblée générale, leur rapport sur la situation de la Société, sur le bilan et sur les comptes présentés par le Conseil d'administration.

Les livres, la comptabilité et généralement toutes les écritures doivent leur être communiqués à toute réquisition.

Ils peuvent, à quelque époque que ce soit, vérifier l'état de la caisse et le portefeuille.

Ils peuvent, en cas d'urgence, convoquer l'assemblée générale.

Les censeurs reçoivent une rémunération dont l'importance est déterminée par l'assemblée générale et reste fixée jusqu'à nouvelle décision.

## TITRE VI.

### ASSEMBLÉES GÉNÉRALES.

---

### ART. 39.

Les actionnaires sont réunis chaque année en assemblée générale par le Conseil d'administration, avant la fin du semestre qui suit la clôture de l'exercice, aux jour, heure et lieu désignés dans l'avis de convocation.

En outre, des assemblées générales peuvent être, à toute époque, convoquées extraordinairement soit par le Conseil d'administration, soit par les censeurs.

### ART. 40.

Les convocations aux assemblées générales ordinaires ou extraordinaires sont faites par lettres recommandées adressées aux propriétaires d'actions nominatives et par un avis inséré dans un des journaux désignés pour les annonces légales à Paris, vingt jours au moins avant la réunion pour les assemblées ordinaires et dix jours au moins avant la réunion pour les assemblées extraordinaires ou convoquées extraordinairement, et sauf application, en outre, des dispositions spéciales de la loi du 22 novembre 1913, lorsqu'il s'agira d'assemblées générales extraordinaires ayant pour objet de délibérer sur des modifications aux statuts.

Pour les assemblées extraordinaires ou convoquées extraordinairement, les convocations doivent indiquer sommairement l'objet de la réunion.

ART. 41.

Les assemblées générales ordinaires appelées à délibérer sur les cas prévus à l'article 48 se composent des actionnaires propriétaires de vingt actions au moins.

Toutefois les propriétaires de moins de vingt actions peuvent se réunir pour former le nombre nécessaire et se faire représenter par l'un d'eux.

Les propriétaires d'actions doivent, pour avoir le droit d'assister ou de se faire représenter à l'assemblée générale, être inscrits sur le registre de la Société ou, s'il est créé des actions au porteur, avoir déposé leurs titres dans l'une des caisses désignées par la Société, seize jours au moins avant celui fixé pour la réunion s'il s'agit d'une assemblée ordinaire, et cinq jours au moins avant celui fixé pour la réunion s'il s'agit d'une assemblée générale extraordinaire ou réunie extraordinairement.

Il est remis à chaque actionnaire ayant droit d'assister à l'assemblée une carte d'admission nominative.

ART. 42.

Nul ne peut représenter un actionnaire à l'assemblée s'il n'est lui-même membre de cette assemblée.

Toutefois les sociétés en nom collectif, en commandite simple ou par actions et anonymes y seront valablement représentées par un associé en nom ou un délégué du conseil d'administration, les femmes mariées par leurs maris s'ils ont l'administration de leurs biens, les mineurs ou interdits par leurs tuteurs, sans qu'il soit nécessaire que l'associé, le délégué, le mari ou le tuteur soit personnellement actionnaire. L'usufruitier et le nu propriétaire y sont représentés par l'un d'eux muni du pouvoir de l'autre ou par un mandataire commun.

La forme des pouvoirs est déterminée par le Conseil d'administration.

ART. 43.

Les assemblées générales régulièrement convoquées et constituées représentent l'universalité des actionnaires, et leurs délibérations les obligent tous.

ART. 44.

Les assemblées sont présidées par le directeur général.

Les fonctions de scrutateurs sont remplies par les deux plus forts actionnaires tant en leur nom que comme mandataires, présents et acceptants.

Le bureau désigne le secrétaire, qui peut être pris en dehors des membres de l'assemblée.

Il est tenu une feuille de présence. Elle contient les noms et domiciles des actionnaires présents et représentés et le nombre des actions possédées par chacun d'eux. Cette feuille est certifiée par le bureau ; elle est déposée au siège social et doit être communiquée à tout requérant.

ART. 45.

L'ordre du jour est arrêté par le directeur général après avoir pris l'avis du Conseil d'administration.

Il ne peut être mis en délibération aucun autre objet que ceux portés à l'ordre du jour.

ART. 46.

Les assemblées générales ordinaires doivent être composées d'un nombre d'actionnaires représentant le quart au moins du capital social.

Si une première assemblée ne réunit pas ce nombre, il en est convoqué une deuxième, et elle délibère valablement quelle que soit la valeur du capital représenté, mais seulement sur les objets mis à l'ordre du jour de la première réunion.

Cette deuxième assemblée doit avoir lieu à quinze jours d'intervalle au moins de la première, mais les convocations peuvent n'être faites que dix jours à l'avance, et le Conseil d'administration détermine, pour le cas de cette deuxième assemblée, le délai depuis lequel les actions doivent être inscrites sur les registres, ou, s'il était créé des actions au porteur, déposées dans l'une des caisses désignées par la Société, pour donner le droit de faire partie de cette assemblée.

ART. 47.

Dans les assemblées générales ordinaires, les décisions sont prises à la majorité des voix, et chaque membre de l'assemblée a autant de voix qu'il possède ou représente de fois vingt actions. On ne peut disposer, comme mandataire, de plus de deux cents voix en plus de celles inscrites à son nom; toutefois, si les actions sont mises au porteur, nul n'a le droit de réunir, comme propriétaire et comme mandataire, plus de deux cents voix.

ART. 48.

L'assemblée générale ordinaire qui doit se tenir chaque année entend le rapport du directeur général sur les affaires sociales; elle entend également le rapport des censeurs faisant fonctions de commissaires sur la situation de la Société, sur le bilan et sur les comptes présentés par le Conseil d'administration.

Elle discute, approuve, rejette ou redresse les comptes et détermine le bénéfice à répartir; la délibération contenant l'approbation du bilan et des comptes doit être précédée du rapport des censeurs, à peine de nullité.

Elle nomme les administrateurs et les censeurs.

Elle détermine l'allocation du Conseil en jetons de présence et celle des censeurs.

Elle délibère sur toutes autres propositions portées à l'ordre du jour.

Elle prend toutes décisions relatives à la création et à l'émission des obligations, sous réserve de l'application des dispositions contenues dans les articles 52 et 53.

Enfin, sauf dans le cas dont il est parlé dans l'article ci-après, l'assemblée générale annuelle ou des assemblées réunies extraordinairement, mais composées néanmoins de la même manière, prononcent souverainement sur tous les intérêts de la Société et confèrent au Conseil d'administration les autorisations nécessaires pour les cas où les pouvoirs à lui attribués seraient insuffisants.

ART. 49.

L'assemblée générale réunie et délibérant extraordinairement dans les formes susindiquées et dans les conditions spéciales prévues par la loi du 22 novembre 1913 peut, sur l'initiative du Conseil d'administration, modifier les présents statuts dans toutes leurs dispositions, notamment augmenter ou réduire le capital, proroger la durée de la Société ou prononcer sa dissolution anticipée, mais sans pouvoir toutefois changer la nationalité de la Société, ni augmenter les engagements des actionnaires.

Elle pourra également décider la mise au porteur des actions dans les conditions déterminées à l'article 14.

Aucune modification aux statuts ne sera définitive qu'après avoir été approuvée par décret rendu en Conseil d'État.

ART. 50.

Les délibérations de l'assemblée générale sont constatées par des procès-verbaux inscrits sur un registre spécial et signés par les membres composant le bureau.

Les copies ou extraits de ces procès-verbaux qu'il peut y avoir lieu de délivrer sont signés par le directeur général.

Après dissolution de la Société et pendant la liquidation, ces copies ou extraits sont certifiés par les liquidateurs ou l'un d'entre eux.

# TITRE V.

## ÉMISSION DES OBLIGATIONS.

### ART. 51.

En dehors de son capital et de ses réserves, la Société ne peut se procurer de ressources que par l'émission d'obligations dont le produit est exclusivement destiné aux indemnités allouées par l'État aux particuliers et sociétés privées victimes des dommages de la guerre et payables en espèces, ou aux avances autorisées par les présents statuts.

En attendant leur emploi ou leur remploi, conformément aux dispositions du précédent alinéa, les fonds provenant des émissions d'obligations recevront l'affectation prévue par la convention annexée à la loi du 10 octobre 1919.

### ART. 52.

Les émissions d'obligations sont décidées, sur la proposition du Conseil, par l'assemblée générale annuelle ou, s'il est nécessaire, par une assemblée générale convoquée extraordinairement, mais délibérant aux conditions de quorum et de majorité fixées par les articles 46 et 47 ci-dessus. Toutefois le Conseil d'administration est dès maintenant autorisé à procéder à l'émission d'obligations jusqu'à concurrence d'un capital nominal de 5 milliards de francs.

### ART. 53.

Toute émission d'obligations, même ne jouissant pas de la garantie de l'État, doit être autorisée par arrêté du Ministre des Finances qui en arrêtera les modalités.

# TITRE VI.

## DISPOSITIONS SPÉCIALES
### DESTINÉES A FACILITER LA CRÉATION, LE DÉVELOPPEMENT OU LA REMISE EN MARCHE DES EXPLOITATIONS INDUSTRIELLES OU COMMERCIALES.

---

### ART. 54.

Sur les 500 millions affectés aux avances prévues à l'article 2 de la convention annexée à la loi du 10 octobre 1919, il sera réservé 400 millions aux industriels et commerçants des régions ou évacuées ou envahies.

### ART. 55.

La Société peut affecter à ces avances, en plus des fonds provenant des émissions d'obligations, tout ou partie de ses réserves et des sommes versées sur son capital actions.

### ART. 56.

Les avances doivent être garanties par une hypothèque de premier rang, ou par des titres agréés par le Conseil d'administration, ou par l'engagement de caution solidaire d'un tiers, et subsidiairement par un nantissement de fonds de commerce.

### ART. 57.

Les avances seront remboursables au bout de trois ans au plus tôt et de dix ans au plus tard ; il pourra être fait des remboursements partiels.

### ART. 58.

Les sommes remboursées ou non utilisées par les emprunteurs pourront être affectées par la Société à de nouvelles avances remboursables dans les mêmes conditions, sous réserve des dispositions contenues dans l'article 11 de la convention annexée à la loi du 10 octobre 1919.

## ART. 59.

La Société pourra suspendre les opérations d'avances prévues ci-dessus si elle subit de ce chef des pertes dépassant, en plus du montant du fonds de réserve spécial, qu'elle constituera en vue de cette éventualité, 50 p. o/o de son capital.

## ART. 60.

Le total des avances faites au même emprunteur ne pourra dépasser 2 millions.

## TITRE VII.
### RÈGLEMENT INTÉRIEUR.

—

## ART. 61.

Un règlement intérieur, adopté par le Conseil d'administration, détermine, pour tout ce qui n'est pas réglé par les présents statuts et par la convention annexée à la loi du 10 octobre 1919, les modalités des opérations sociales, notamment en ce qui concerne les émissions d'obligations et les avances que la Société est autorisée à faire.

Ce règlement, ainsi que toutes les modifications qui pourront y être apportées, seront soumis à l'approbation du Ministre des Finances.

# TITRE VIII.

### ÉTAT SEMESTRIEL. — INVENTAIRE ET FONDS DE RÉSERVE.
### REPARTITION DES BÉNÉFICES.

#### ART. 62.

L'année sociale commence le 1ᵉʳ janvier et finit le 31 décembre.

Par exception, le premier exercice comprendra le temps écoulé depuis la constitution de la Société jusqu'au 31 décembre 1920.

#### ART. 63.

Il est dressé, chaque trimestre, un état sommaire de la situation active et passive de la Société. Cet état est mis à la disposition des censeurs et publié au *Journal officiel*.

Il est, en outre, établi chaque année un inventaire contenant l'indication de l'actif et du passif de la Société, et un bilan résumant l'inventaire, dont la forme sera approuvée par le Ministre des Finances.

L'inventaire, le bilan et le compte de profits et pertes sont mis à la disposition des censeurs le quarantième jour au plus tard avant l'assemblée générale; ils sont présentés à cette assemblée.

Quinze jours avant l'assemblée générale, tout actionnaire peut prendre au siège social communication de l'inventaire et de la liste des actionnaires, et se faire délivrer à ses frais copie du bilan résumant l'inventaire et du rapport des censeurs.

#### ART. 64.

Les produits nets de la Société sont constatés et établis sous déduction de tous frais généraux et de toutes charges sociales, ainsi que de tous amortissements et provisions jugés utiles par le Conseil d'administration.

Sur le bénéfice net ainsi déterminé, il est prélevé :

1° 5 p. o/o au moins pour constituer le fonds de réserve prescrit par la loi. Ce prélèvement cesse d'être obligatoire lorsque le fonds de réserve atteint une somme égale au dixième du capital social ; il reprend son cours obligatoire lorsque cette réserve descend au-dessous de ce dixième ;

2° La somme nécessaire pour servir aux actionnaires, à titre de premier dividende, 6 p. o/o des sommes dont lesdites actions sont libérées et non amorties.

Après prélèvement de la somme nécessaire pour payer aux actions un dividende de 6 p. o/o et de toute somme que l'assemblée générale, sur la proposition du directeur général, approuvée par le Conseil d'administration, jugera utile d'affecter à des fonds de réserve supplémentaires ou de reporter à nouveau, le solde, jusqu'à entier remboursement des 500 millions concernant les avances prévues à l'article 2 de la convention, est divisé en deux portions proportionnellement, d'une part aux obligations gagées par une annuité inscrite au budget de l'État et affectées aux prêts, et d'autre part au capital de la Société et à ses réserves autres que la réserve pour contrat en cours et aux obligations non gagées par une annuité inscrite au budget de l'État.

La première portion est répartie à raison de :

50 p. o/o à l'État ;

50 p. o/o aux actionnaires.

La seconde est acquise en entier à ces derniers.

Au cas où l'assemblée générale déciderait l'amortissement des actions, cet amortissement se ferait par répartition égale entre toutes les actions, dans la forme déterminée par l'assemblée générale, sur la proposition du Conseil d'administration.

Après leur amortissement total, s'il y avait lieu, les actions de capital seront remplacées par des actions de jouissance qui, sauf le droit au premier dividende de 6 p. o/o stipulé ci-dessus, conféreront à leurs propriétaires tous les droits attachés aux actions non amorties dans le partage des bénéfices et l'actif social.

### ART. 65.

Le payement des dividendes annuels se fait aux époques fixées par le Conseil d'administration, qui peut procéder à la répartition d'un ou plusieurs acomptes sur le dividende de l'exercice écoulé, si les bénéfices réalisés le permettent.

### ART. 66.

En cas de perte de trois quarts du capital social, le Conseil d'administration est tenu de provoquer la réunion d'une assemblée générale à l'effet de statuer sur la question de savoir s'il y a lieu de continuer la Société, ou de prononcer la dissolution.

La résolution de l'assemblée est, dans tous les cas, rendue publique.

A défaut de la convocation par le Conseil, les censeurs peuvent réunir l'assemblée générale.

### ART. 67.

A l'expiration de la Société, ou en cas de dissolution anticipée, l'assemblée générale, sur la proposition du directeur général, règle le mode de liquidation et nomme un ou plusieurs liquidateurs, avec pouvoirs de vendre, soit aux enchères, soit à l'amiable, les biens meubles et immeubles de la Société.

Le mode de liquidation et le choix des liquidateurs sont soumis à l'approbation du Ministre des Finances.

Si l'assemblée générale ne s'acquitte pas des obligations prescrites par le paragraphe 1er du présent article ou si, sa délibération n'ayant pas été approuvée par le Ministre, une nouvelle assemblée ne la modifie pas dans le sens indiqué par le Gouvernement, le mode de liquidation et le choix des liquidateurs seront déterminés par décret en Conseil d'État.

Les liquidateurs peuvent, en vertu d'une délibération de l'assemblée générale approuvée par le Ministre des Finances, faire le transport à une autre société des droits et engagements de la société dissoute.

Pendant le cours de la liquidation, les pouvoirs de l'assemblée générale se continuent comme pendant l'existence de la Société.

Après le règlement de tous les engagements de la Société et amortissement des pertes, de quelque nature qu'elles soient, il sera procédé au partage du fonds de réserve spécial pour contrat en cours, à raison de :

5o p. o/o à l'État ;

5o p. o/o à la disposition de l'assemblée générale, qui décidera de l'affectation à lui donner.

Le surplus de l'actif net de la liquidation sera employé à amortir le capital des actions émises si cet amortissement n'a pas encore eu lieu.

Le solde, après prélèvement de l'allocation que l'assemblée générale peut attribuer aux liquidateurs, est divisé en deux parts proportionnelles aux montants des deux catégories suivantes de capitaux engagés : 1° sommes qui sont employées au moment de la dissolution et ont été procurées par émissions d'obligations gagées par une annuité inscrite au budget de l'État ; 2° sommes représentant, dans les mêmes conditions, le capital, les réserves autres que la réserve spéciale et les ressources provenant d'obligations non gagées par une annuité inscrite au budget de l'État.

La première part est répartie à raison de :

5o p. o/o à l'État ;

5o p. o/o aux actionnaires.

La seconde est acquise tout entière à ces derniers.

## TITRE IX.
### CONTESTATIONS.

#### ART. 68.

Toutes les contestations qui peuvent s'élever entre les associés sur l'exécution des présents statuts sont soumises à la juridiction des tribunaux de la Seine.

Les contestations touchant à l'intérêt général et collectif de la Société ne peuvent être dirigées, soit contre le Conseil d'administration ou l'un de ses membres, soit contre le directeur général, qu'au nom de la masse des actionnaires et en vertu d'une délibération de l'assemblée générale.

## TITRE X.
### CONSTITUTION DE LA SOCIÉTÉ.

---

#### ART. 69.

La présente Société ne sera définitivement constituée qu'après :

1° Que les présents statuts auront été approuvés par décret en Conseil d'État;

2° Que les formalités prescrites par la loi du 24 juillet 1867 auront été accomplies dans les conditions déterminées par celle-ci.

L'assemblée constitutive pourra être convoquée seulement un jour à l'avance par une insertion dans un journal d'annonces légales de Paris ou par lettres individuelles, et il en sera de même en cas d'augmentation de capital au moyen de souscriptions en espèces.

## TITRE XI.
### PUBLICATIONS.

---

#### ART. 70.

Pour faire publier les présents statuts et tous actes et procès-verbaux relatifs à la constitution de la Société, tous pouvoirs sont donnés au porteur d'une expédition ou d'un extrait de ces documents.

www.ingramcontent.com/pod-product-compliance
Ingram Content Group UK Ltd.
Pitfield, Milton Keynes, MK11 3LW, UK
UKHW021719130726
13696UKWH00004B/1908